글을 써서
아픈 것이 아니라
아프기에 글을 쓴다.

삶의 희로애락을 시의 가슴에 새길 때
여러 가지 꿈을 꾸어 행복하다.

삶을 따뜻하게 품는 메타언어

쪽빛바다

김 종 임 제2시집

지식과 사람들

▮시집을 내면서

사람은 누구나 꿈을 꾸며 살아간다.

오랜 지병(持病)에서 맞은 중년, 피우고 싶은 꽃이 많아 마음이 급하다.

글을 써서 아픈 것이 아니라 아프기에 글을 쓴다.

그러나 삶의 희로애락(喜怒哀樂)을 시의 가슴에 새길 때 여러 가지 꿈을 꾸어 행복하다.

첫 번째 시집 '눈 오는 꽃밭에 앉아'에 이은 두 번째 시집 '쪽빛바다'는 초등학교 동창회에서 만난 옛 친구들의 우정으로 엮어졌다.

묵묵히 지켜봐주는 든든한 남편에게 고마움을 전하며, 세상에서 가장 소중한 아들딸의 격려로 글을 쓸 수 있어 늘 감사하는 마음이다.

두 번째의 시집 '쪽빛바다'가 반쯤 와버린 길목, 삶의 가치에 값진 의미를 부여하지 않을까.

삶을 따뜻하게 품는 메타언어를 부른다.

2011년 가을의 길목에서

김 종 임

제1부

바람처럼 구름처럼

제2부
비가 오는 날이면

제3부
나는야 산이 좋더라

제4부
못다 한 이야기들

제1부
바람처럼 구름처럼

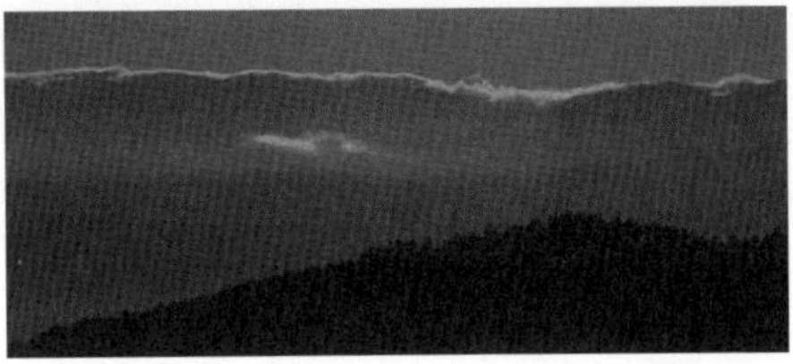

구름처럼
바람처럼
가끔은 그냥 길 잃은 새처럼
무작정 떠나보는 거야.

가슴에 피는 꽃

꽃보다 아름다운 나이
머리에 하얀 서리가 내려
추워 보이지만

가슴에 피어 있는 꽃
그 꽃을 볼 수 있어
너무 행복합니다

아름다운 나이
내 가슴에
영원히 간직합니다.

선물

네가
세상에 남기고 간
사랑의 씨앗

꽃이 될 때까지
내가 돌볼게

네가 나였어도
그랬을 거야.

내 마음의 꽃은 핀다

찬바람이
온 몸 휘감아도
내 마음의 꽃은 핀다

온 세상에
하얀 눈 내려도
내 가슴의 꽃은 핀다

엄동설한
한파에 시달려도
내 마음 깊은 곳에는

언제나 변함없는
정열의 꽃이 피고 있다.

세상 밖으로

햇빛을 받지 못해
누렇게 시들은 식물 같다

흰 구름 떠있는 하늘
녹음 우거진 벤치가 그립다

쏟아지는 아카시아 향기
사람들과 이야기 나누고 싶다

몇 달 동안 누워 있어
두 다리와 팔이 흔들흔들 떨리고

그래도 일어나
세상 밖으로 나가야겠다

파란 잔디밭 걸으며
담장에 피어 있는 장미꽃 보려.

떠나보는 거야

아픔 몸 이끌고
낯선 거리를 해매고 있다

나와는 상관없는 사람들이기에
누구도 의식 않음이 너무 행복하다

구름처럼
바람처럼

가끔은 그냥 길 잃은 새처럼
무작정 떠나보는 거야.

가슴앓이 1

가슴앓이
당신이 그리워
한숨짓고

당신이 보고파
이름 석 자 부른다

동트는 새벽녘
뿌우연 어둠 가르며
당신의 그리움과 같이 뛰어본다.

차 한 잔의 여유

일상에서 탈출해
차 한 잔의 여유를 갖습니다

차 향기 속에
삶의 시끄러움 모두
내려놓습니다

상쾌한 봄바람이
소리 없이 다가와
귓속말로 속삭입니다

차 한 잔 마시는 동안은
삶의 모든 아픔들 다 잊자고.

비가 오려나 봐

구름 끼면
햇살이 그립고

햇살 내려쬐면
비를 기다리고

그러나
아픔과 고통을 주는 날은
없었으면 해

마음은 항상 밝게
함께 웃을 수 있기를 바랄뿐이야

언제나 웃음을 주는 사람
그것은 오직 자신에게 달린 일일 게야.

알 수 없는 마음

사람의 마음 알 수 없다고 했던가
너무 기대할 것도 없고
너무 믿을 것도 없는 것이
사람 마음이라 했던가

남의 마음에 상처라면
내 마음에는 피눈물이라 했던가
상처 주는 너도
편안하지 않으며
상처 받는 나도
편하지 않을 텐데

서로 간섭하지 않고
질투와 시기하지 않는다면
남의 마음에 상처주지 않을 텐데

그냥
바람에 구름 가듯
그렇게 살면 좋을 텐데

그래서
가끔은 억지로 인연 맺을 필요가
없나보다.

아픈 상처 다 잊고 싶다

폭우가 휩쓴 자리
낙엽이 찢어진 채로 뒹굴고
차오르는 숨 참지 못하고
한 걸음 한 걸음 무거운 발 옮겨놓다가
털썩 주저앉아 불어오는 바람에
몸을 맡긴다.
가버리면 오지 않는 시간
이젠 아픈 상처 다 잊고
새로운 모습으로 피어나고 싶다.

부처님도 머리 아프시겠다

도심을 벗어나
한적한 산사를 찾았다

푸른 숲 산새들 지저귀고
온 산을 휘감는 스님의 우렁찬 염불소리

백팔 염주 굴리는 보살님들
저마다의 소원을 빈다

미소 짓는 부처님도
중생들의 소원 다 들어주시려면
머리 아프시겠다.

엄마 다리는 수레바퀴

숨소리 없이 다가와
내 손을 꼭 잡아주던
어머니의 손길

잠자는 거냐
눈만 감고 있는 거냐
제발 아프다고 소리라도 지르렴

눈 뜨면
밥 좀 먹자
늘어진 몸 일으켜 세우던
어머니의 눈길

식탁에 앉지만
아무것도 넘기지 못하는 딸
슈퍼로 달려가 이것저것 사 오시는
어머니의 가쁜 숨결

자식 걱정에 다리도 아프지 않나보다
수레바퀴처럼 빨리 다녀오시네.

아버지

아름다운 사랑
가슴 아픈 추억도
세월 흐르면
잊으리라 생각했습니다

창밖의 빗소리와
구슬피 우는 뻐꾹새 날갯짓에도
차마 그리워 눈물집니다

산기슭 곳곳마다
활짝 핀 아카시아 꽃잎
하얀 눈송이로 쏟아지는 고향처럼

아버지가 계신 그곳에
딸년의 철부지 미소
들녘 아지랑이로 피여
싸리문 밖으로 발걸음 서두르시나요.

천륜으로 맺은 인연

천륜의 상처
가슴 깊은 곳에 묻고 살자

숯덩이로 까맣게 타도
버릴 수 없는 거니까

모난 성격 갈고 닦아
둥글게 둥글게 만들자

내 품에 주신 귀한 선물
부처님전에 그저 감사하자

아이들도
엄마 되고 아빠 되면

천륜의 인연
이해할 게야.

커피 마시듯

펄펄 끓는 물에
괴로움과 외로움 타서 마시면
이 절망 극복할 수 있을까

사랑의 고통
슬픔의 눈물
마음의 상처
펄펄 끓는 물에 넣어서
마시고 나면
목 타는 갈증 해소될까

커피 마시듯
삶의 고난과 고통
고루저어 마시고 나면
빈 잔이 될까.

불심(不審)

작은 불심(不審)
양심과 도덕을 팔고
권력을 잡고 흔들다

힘없고 권력이 없으면
살아가기 힘든 세상이다

마음에는
사랑과 미움의 씨앗
함께 자라고

부정적(否定的)
씨앗을 솎아내면

사랑의 뿌리에
참 삶의 열매 맺는다.

봄비야 주룩주룩 내려라

봄비가 내려
대지의 만물에 생기가 돋는데

가뭄의 논바닥처럼 쩍쩍 갈라진
내 가슴은 무엇으로 치유하나
봄비야 주룩주룩 내려라

쩍쩍 갈라진 가슴
아픔과 고통이 치유될 때까지
봄비야 주룩주룩 내려라.

이렇게 비가 내리는 날

부슬부슬 비가 내린다
아련하게 떠오르는 추억을 회상하며
입가에 미소를 지어본다

포장마차에 앉아 빗소리 들으며
한 잔의 소주를 마시고
삶의 고통도 같이 마셨다

이렇게 비가 내리는 날
옛날의 아름다움 속으로 흐르는
분위기 좋은 카페에서
붉은 와인 한 잔을 마시며
도란도란 이야기 꽃 피우고 싶다.

지쳤노라

지쳤노라
용서 받을 자격 없는
해가 지고
달이 뜨면
내 한 몸 불타겠지.

거꾸로 가는 세상

눈 감으면 코 베어가는
세상이라 했던가

거꾸로 가는 세상
요즘은 눈 뜬 장님이더라

두 얼굴로 사는 세상
목소리 크면 잘난 줄 알더라

가진 자는 연령도 없고
권력 세상만 지향(指向)하고

높고 낮음을 모르니
세상 거꾸로 보는 수밖에 없나보나

얽히고설킨 인연

가슴속에
큰 돌멩이 박힌 듯 답답하다

아무도 없는 빈집에
새 한 마리 날아들더니

들락날락 거리며
둥지 틀고 들어앉았네

얽히고설킨 세상사
거미줄 같은 인연

실타래 풀듯
하나하나 풀어주면

새둥지 닮은
성숙된 집 짓 수 있을까.

빈집

너도 떠나고
나도 떠나고
잡초만 무성한 텅 빈 집

툇마루의 삽살개
주인 잃은 슬픔에
몸부림치는 오열로 생을 마감했네

네가 떠난 자리
내가 떠나 온 빈사리.

가슴앓이 2

병을 이겨내리라
희망 하나로 살며

하나를 지우고 나면
또 하나가 채워진다

눈 뜨면
또 다른 병명의 이름표

고목나무에 꽃 필 때까지
이 세상 끝나는 그날까지

너와 나
숨바꼭질하며 살아보자

삶의 여정

반환점 없는 인생
만족보다 절망과 허무로
반세기를 달려왔다

살아온 날보다
남은 세월 많지 않을 터인데
가슴은 지치고
몸은 통증의 나날이다

사랑하는 당신과
삶의 향기 나누고 싶은
단풍 지는 가을
한 번쯤 쉬어가면 좋으련만.

가을이 나를 안고 운다

강가의 억새
달빛으로 슬피 울다
하얀 깃털날개로 훨훨 날아오르며
날 오라 손짓한다

작열하던 햇빛 사라진
갈매기 내려앉는 모래사장
파도만 외롭다

바람 없어도
떨어지는 낙엽
한 잎
두 잎

붉은 피 토해내는
아픔으로 다가와
가을이 나를 안고 운다

이별의 눈물
영원한 사랑으로 가슴에 품으며.

사랑의 축배를

푸른 언덕의 들꽃
신록의 향연에 그리움 스며오네

까만 밤하늘
별들의 무리에 그대 향기 느끼네

이제는 갈 곳 없어
가슴 더욱 아리지만

그대 생각 곱게 접어
추억의 그림자로 떠나보내고

이 밤 나만의 노래로
사랑의 축배를 드네.

차 한 잔

그대 만나
차 한 잔 하고 싶다

내게 일어난 일들을
그대에게 말할 수 있는 시간이
가슴 저리게 그립다

삶의 진실
정겨움 그리고 그 어떤 사연도
차 한 잔 하면서
털어놓고 싶다

오늘은
그대 이야기를
마음껏 듣고 싶다.

잘 가시게 벗이여

마음이 너무 아프다
잊으려 몸부림 쳐봐도
미치도록 가슴만 아플 뿐

생각하지 않으려
너의 흔적 하나하나 지우지만
미움과 원망만 깊어갈 뿐

그대와 인연 맺은 게 몇 해던가
돈 없어 커피 한 잔을 둘이 마셔도
그저 행복해 했던 벗이여

이별할 준비 하지 않았는데
헤어진다는 생각 안 했는데
말없이 떠나버리면 나는 어떻게 하나

먼저 떠난 벗
생각할수록 괴로울 뿐
생전의 고통 함께 하지 못해 미안하네

벗이여
세상이 혼탁해서 휴양 떠났다 생각하게
우리도 멀지 않아 그 뒤를 따라갈 터
잘 가시게 벗이여.

연락 좀 하고 오렴

시퍼렇게 멍 진 가슴속으로
시도 때도 없이 찾아와도
아프다고 힘들다고 말 못 하고
늘 그렇게 하루하루가 간다

아무 말도 못하고
말없이 바라보는 사람들에게
부담을 주고 싶지 않아
참고 참는다

이왕 찾아 올 거라면
말없이 오지 말고
연락이라도 하고 오면
미리 미리 준비라도 할 텐데.

있잖아 너 때문이야

양지바른 산이나
들에서 자란 나물이
원기회복에 좋다고

두릅전 두릅튀김 두릅오징어말이

아침 밥상이
화초밭에 온 것 같아
있잖아 너 때문이야.

먼저 간 친구

오색찬란한 꽃가마 타고
어디로 가시렵니까

산마루 고개 넘어 가면
다시는 돌아올 수 없는 길

막걸리 한 잔 드시며
그동안 못다 한 이야기들
털어놓고 가세요

가는 길
동행할 자 없다 서러워 말고
이승에서 못다 한 꿈
저승에서 이루시도록

아픔의 고통 괴로움
산마루 고개 넘어갈 때
모두 내려놓으시고
새털처럼 가볍게 훨훨 떠나소서.

보고 싶다 친구야

봄을 재촉하는 비가
소리 없이 내리는 깊은 밤

울음 삼킨
한 맺힌 삶의 설움
누구에게 말하랴

밤을 지새우는 빗줄기
메말랐던 대지에 내를 이루고

새 생명의 움을 틔우듯
보고 싶은 친구야 우리의 우정에
영원히 시들지 않는 꽃이 피리.

옛 친구

봄바람 솔솔 부는
양지바른 곳에

옹기종기 모여 앉아
나물캐던 옛 친구야

아카시아 꽃잎 따먹고
찔레의 어린순 꺾어먹던

그때 그 시절
그립구나

어디에서
무엇 하며 살고 있니.

내 고향 찾아간다

해질 무렵이면
집집마다 굴뚝에 연기 오르는
깊은 밤에는 다듬이 소리 정겨운
두메산골 내 고향

별들이 빛나고
둥근달이 뜨면
우리 집 앞마당은 놀이터가 된다

땅 따먹기 자치기로 밤새는 줄 몰랐던 곳
아주 조용한 어둠이 빨리 찾아오는 두메산골
캄캄한 밤에는 나 혼자
일터에 가신 부모님 기다리고
어린 동생들 학교 갔다 올 때까지 무서워 떨며
밝은 달에게 말을 건넸다

오랜만에 고향의 그 달이
별이 보고파
오늘 나는 옛집을 찾아간다

이제는 지개 대신 농기계가 있고
달구지 대신 트럭이 있는
달빛 밝은 조용한 두메산골
내 고향 찾아간다.

모시잎 송편

황금빛 들녘
고추잠자리 날아다니는
시간의 저편을 향하여
코스모스 한들한들 춤추고
빨갛게 익는 능금
나를 반기려 가을잎 흔들까

어두운 문밖
아스라이 뜬 달빛 안고
구슬픈 풀벌레소리로 부르는
그리운 어머니

올해도
오곡백화(五穀百花)의 풍성한 가을
어머니처럼 하얀 모시적삼 곱게 차려 입고
조물조물 빚은 모시잎 송편
그리움이 목을 넘어간다.

제2부
비가 오는 날이면

차라리 이제는
당신을 내 마음 깊은 곳에
오래오래 묻어 두고
보고 싶을 때 가끔
꺼내 보렵니다.

행복

아침에 눈 뜨면
제일 먼저 생각나는 사람

세월이 하얗게 바라도
나를 진심으로 사랑하고
아껴주는 사람

그런 사람이 있다는 것이
행복인 게야

오늘도
하늘에 기도하며
가슴 깊이 부르는

행복한 아침
사랑하는 사람아.

마음

파란 이파리에 안겨
뙤약볕으로 익던 앵두
밤새 몰아치는 비바람에
하나 둘 떨어진다

뒤뜰의 돌배나무
천둥번개로 부러져
소리 없이 운다

흙 묻은 앵두
두 손 가득 모으고
쓰러진 돌배나무 옆에서
나도 흐느낀다

세상살이 아픔들
잘도 참고 살았는데
태풍이 지나간 아침
소리 없이 비가 내린다
마음의 눈물이 비로 내린다.

당신이 있기에

굽이굽이
오르막 내리막이 끝없는
산길 같은 인생

당신이 있기에
힘들지 않습니다

고드름 어는 한겨울
가슴 뻥 뚫려 시리고 아파도

당신이 있기에
아픈 상처 도려내고
사랑으로 메워갑니다

계곡이 녹아
눈부신 봄이 올 때까지

절망하지 않고
사랑의 빛을 향해
힘차게 걸어가겠습니다.

내 마음에는 그대가 있다

내 마음에
그대가 있다

눈 감아도
눈을 떠도

내 마음은
그대 생각뿐이다

어젯밤도
그대 곁에 있었다

깊고 크게
자리 잡은 그대

슬픔도 기쁨도
늘 같이 한다.

보고 있어도 그리운 사람

생각만 해도
늘 기분 좋은 사람이 있다

보고 있어도
그리운 사람이 있다

이것이
사랑일까

마치 18세 철없던 시절
첫사랑 같다

밤새워 우는 건

밤새워 우는 건
날 버리고 떠난
너 때문에 아니라

잔인하게 짓밟고 간 자리에
사랑의 흔적이 남아 있음이야

오늘도 우는 건
날 버리고 떠난
너 때문에 아니라

널 버리지 못하고
가슴속에 더욱 깊이 새기는
사랑 때문인 게야.

당신이 보고플 때

속상해 울지 않으려고
하늘을 봐요

거칠어진 매듭 굵은 손으로
붙들어주시던 당신

오늘의 하늘도 역시
그다지 볼품은 없지만

손짓으로 날갯짓하며
살포시 전해오는 당신 마음

목구멍까지 숨이 차오르며
이제는 용기를 내어

소리 내어 외치고 싶은 말
사랑합니다 고맙습니다.

아픈 사랑

이별할 때
미운 정도 가져가면 좋으련만

가슴 깊은 곳에
아픔과 슬픔 잔인한 상처를
남겨놓지

거센 태풍이 지나면
사랑의 날개 속
절망도 조금씩 사라질까

그때
사랑을 또 할까
아픈 사랑을.

당신은 떠나고

당신이 떠난
그날이 언제였나

보고 싶은 간절함
석양으로 물들 때마다
오지 않을 당신 마중 나가네

가는 세월 안타까워
기다리는 가슴
까만 숯덩이가 되고

그리움 부둥켜안은 사랑
눈물 속에 잠기네.

어디에 있나요

당신
어디에 있나요
안부라도 묻고 싶은데

만날 수 없다면
목소리라도 들었으면 좋으련만

당신
제 목소리 들리나요

잘 살고 있다는 소식
들으면 말할 수 없이
행복할 텐데.

당신이 보고 싶습니다

찬바람이 불어오니
당신이 보고 싶습니다

스쳐가는 바람에도
당신의 향기가 느껴집니다

입가에 미소가 떠오를 때면
당신이 더욱 더 보고 싶습니다.

너무 사랑하기에

작디작은 가슴에
내가 아닌 그대가 있어

그대 보고픈
두 눈에 눈물 맺히네

오늘도 그대 이름
마음속으로 불러보지만

그대는
가슴 시린 단어일 뿐

너무 사랑하기에
이제는 모든 걸 잊으렵니다.

와인 향기로

창가에 앉아
둥근달 바라본다

당신 보고픔에 눈감으니
내 작은 가슴은
석양으로 붉게 타오른다

길지 않은 인생
송알송알 맺힌 추억 그리며
진한 와인 향기로
잠들고 싶다

은은한 커피 한 잔에

은은한 커피 한 잔에
얼었던 내 마음이 훈훈해집니다

마주 앉아 창밖 바라보며
우리의 앞날도 설계합니다
연하디 연한 커피에
그대 향기도 넣습니다

오늘도
커피 향에 취해
그대와 마주앉아
사랑노래 부르고 있습니다.

부나비 사랑

이글이글
용광로의 쇳물

활활 타는 불길에
온 몸이 타는 줄 모르고
날아드는 부나비

밤마다
불 찾아 뛰어드는
사랑

한 많은 세월
이루지 못한 꿈
천상에서 이루소서.

비가 오는 날이면

오늘처럼
비 오는 날이면
당신을 생각합니다

창밖의 비를 바라보며
당신을 지우려 애쓸수록
아픔이 커지는 것은

가슴 깊은 곳으로
당신이 자리 잡기 때문입니다

모든 것 비우려 할수록
당신 생각으로
넘칩니다

차라리 이제는
당신을 내 마음 깊은 곳에
오래오래 묻어 두고
보고 싶을 때 가끔
꺼내 보렵니다.

그대 보고픈 날

어느 날 갑자기
그대가 미치도록
보고 싶어질 때

사알짝 두 눈 감으면
그대 모습이
아련하게 보여요

어느 날 갑자기
심장이 멈출 것처럼
보고 싶어질 때
가슴에 두 손을 올려놓으면
그대 심장소리가 들려요

어느 날 갑자기
그대 목소리가 듣고 싶을 때
두 손을 모아
귓전에 사알짝 올려놓으면
아련하게 그대목소리가 들려요.

기다림

봄 가고 여름 떠나고
바람에 실려 가을이 왔다
꽃 피는 봄날에 온다던 그 사람은
아직도 소식이 없다

하염없이 보고 또 보고 싶고
한없이 주고 또 주고 싶은 사람
눈이 시리도록 기다린 그리움
가슴으로 전하면서

나뭇잎 붉게 물들고
흰 눈 내리는 겨울 지나
꽃피는 봄날을
다시 기다리는 것은

찬바람에 스치던
따뜻한 살 한 점
너무도 그립기 때문이다.

무작정 떠나고 싶다

그대가 보고픈 날
아련히 떠오르는 추억 속으로
떠나고 싶다

커피 향기로 피어오르는
그대 아름다운 미소
사랑의 날개로 날고 싶다

후회 없는 삶을 위해
사랑의 노래가 있는 곳으로
달리는 여행

그대 만나는
기쁨의 숨결로
무작정 떠나고 싶다.

그대는 나의 알람

비 오나 바람 부나
하루도 빠짐없이

내 마음 흔드는
달콤한 목소리

은은한 모닝커피
정열의 장미꽃 향기보다

감미로운 아침 열어주는
그대는 나의 알람이라네.

당신의 사랑으로

얼음장 심장이
붉게 타오르는 태양으로
아름다운 장미꽃으로
황홀했습니다.

어둠 속에
쓰러져 있는 참담한 영혼을
보듬은 당신

그 따뜻한 손길에
상처마다 새싹이 돋아
해맑은 웃음꽃이 피어났고

하루하루가
파아란 숲속의 바람보다
행복했습니다

메마른 강물
이제는 넘치며 영원히 흐릅니다
당신의 사랑으로.

백설(白雪)

백설처럼
순수하고 곱고 깨끗한
당신 마음 닮은
하얀 장미
한 송이가 피었네

당신과 함께 하는 시간은
세상의 온갖 시름 다 잊고
순수한 갓난아이가 되지

하얀 솜털 뽀송뽀송한 얼굴
손대면 뚝뚝 눈물 흘릴 것 같은
초롱초롱한 까만 눈동자

당신을 닮은 백설 같은
하얀 장미 한 송이 피었네.

내 마음속의 한 사람

세상에서 제일 약할 것 같지만
당당하고 의리가 있는 사람

당신을
내 가슴에 담아두기엔
내 마음이 너무 작아
부끄럽게 하는 사람

깊고 넓은 눈길
내 실수에도 빙그레 웃으며
칭찬을 아끼지 않는 아름다운 사람

나도
그런 성숙된 사람으로 살 수 있다면
얼마나 좋을까.

백합꽃 같은 사람

화장하지 않아도
박꽃처럼 하얀 얼굴

고급스런 옷 아니어도
기품과 낭만을 가진 사람

향수를 뿌리지 않아도
은은한 향기에 취하게 하고

순결과 가장 잘 어울리는
백합꽃 같은 사람

그 향기에
내 마음 빼앗기고 말았네.

밸런타인데이

1년 365일
내 가슴은 당신으로 넘쳐도

사랑한다 말 못해
초콜릿을 준비했어요

세상의 누구보다
당신의 소중한 사람이 되고 싶어.

너는 알고 있니

달빛 고운 호숫가에
너와 나를 위한
그림 같은 집을 짓고

물소리 바람소리
풀벌레 울음소리 깊은 밤

두 손 모아 기도하는
사랑의 소망

뜨거운 여름보다
강렬했던 젊음 날의 환희

내 마음은 오직
너만을 기다리며

그리움으로 살아감을
너는 알고 있니.

당신을 위해

당신을 위해
해줄게 아무것도 없는 내가 싫어서
이제 그만 당신 곁을 떠나렵니다

지치고 힘들고
죽을 만큼 보고 싶어지면
그땐 마음으로 찾아가겠습니다

가다가 길 잃어
당신을 만나지 못하면
달님에게 별님에게 묻겠습니다

당신을 위해
해줄게 아무것도 없는 자신이 미워
이제 그만 당신 곁을 떠나렵니다.

이제는 울지 않을래

그는 나를 좋아했지만
나는 그의 사랑 원하지 않았어

힘에 겨워 우는 사람에게는
내일이 없으니까

한순간 원망하며 후회했지만
나는 그래도 좌절하지 않아

한세상 사는 동안
고통을 아는 사람이 될 거야

거센 바람이 나를 흔들어도
내일의 빛과 행복이 있다는 걸 아니까.

당신이었으면 좋겠네

내가 가장 힘들고 슬플 때
멀리서 그리움 안고 다가오는
그 사람이 당신이었으면 좋겠네

밤새 아픔에 떤
나를 안아 주는 사람
그 사람이 당신이었으면 좋겠네

뜨거워지는 가슴
그 따스함의 이유가 되는 사람
그 사람이 당신이었으면 좋겠네

조용히 무릎 꿇고 눈 감는
이 세상에서 가장 사랑하고 믿는 사람
그 사람이 오직 당신이었으면 좋겠네.

왜 몰랐을까

힘들고 마음 아플 때
한 컷 한 컷 추억의 필름 꺼내어
갈매기 나는 바다에 띄워 놓네

먼 훗날 백발 서려
내 사랑도 늙어지면
새겨둔 흔적만큼
아름다운 삶이었다 말하자

사랑해도 외롭다는 걸
예전에는 왜 몰랐을까
이루어질 수 없는 사랑
내 가슴 깊은 곳에 담아두고
차라리 허수아비가 되자.

남자의 눈물

불덩이 고열로
온 몸 불탓는가
말문을 열 수 없다

펄펄 끓는 사랑
타오르던 욕망의 불꽃
이제 청춘이 한 줄기 눈물로
뜨겁게 흐르는가

다시 오지 않을
연기처럼 사라진 세월 뒤에서
소중한 추억에 웃는
고독한 남자의 눈물.

제3부
나는야 산이 좋더라

하늘과 땅 바람과 구름이
서로 맞닿는 곳

저 멀리 나를 기다려 주는
부처님이 계신 곳
나는야 산이 좋더라.

달 밝은 밤

깊은 밤 홀로 깨어
창가에 흐르는
젊은 날의 눈물을 보았습니다

둥근 달빛 아래
하나의 그림자 되어
굳게 맺은 언약

그리움으로 가득한
달 밝은 깊은 밤
그날의 기쁜 숨결이
허전한 마음 지켜줍니다.

정동진

그곳에서 떠나간
널 보고 싶은 건지

바다에 떠오르는
태양이 보고 싶은 건지

절망의 헤어짐
환희의 해오름

나는 오늘 그곳을
다시금 찾아간다.

해님

어제는
임이 못 오신다하여
온종일 아픔과 슬픔에 누워 있었어

행여 오실까
창문 열고 보았으나
임의 흔적은 보이지 않았어

님 보게 해달라고
밤새 엎드려 기도했더니

하늘이 감동받았나
임 오신다 하네

연지곤지 꽃단장하고
내 님 마중 가야지.

너를 보면 기분 참 좋아

너른 들판에
이름 모를 들꽃

신록의 푸른 향연 속
너를 보면 그냥 기분이 좋다

은은한 향기 맡으며
추억을 그려본다

너의 이름
모를지라도

떠도는 내 마음
그대 고운 향기로 달래본다.

봄비

봄비에 눈 틔는
파릇파릇한 새싹

금방 터질 것 같은
탱탱한 꽃봉오리

봄길 따라 꽃길 따라
종달새 우는 내 고향으로

임 찾아
가자꾸나.

봄은 왔는데

봄비가 부슬부슬 내리고
봄바람이 산들산들 불어오네

강남 갔던 제비 돌아오는 춘삼월
뒷산 산기슭에 까치 한 마리

끼억끼억 갈라지는 울음소리
아마도 당신이 간절하게 그립나 봅니다

개나리 진달래가 피기 전
한번만 내 마음에 다녀가세요.

진달래

꽃잎 입에 물고
손잡고 같이 걷던 날

너는 나의 벌이 되고
나는 너의 꽃이 되었다

진달래꽃 황홀해도
내 눈에는 너만 보이고

온 산이 분홍빛으로 넘쳐도
내 가슴은 너의 향기로 가득하다

너는 나에게 벌이 되고
나는 너에게 꽃이 되었다.

오월의 장미

풀내음 상큼하게
안겨오는 여인의 계절

파란 하늘에
종달새 노래하고

시냇물은
거울처럼 맑다

담장의 빨간 장미
오월의 사랑 꽃 여왕

그대 향기 속 그리움
내 가슴속으로 스며들어

소중한 이름
사랑으로 불타오른다.

해바라기 꽃

비가 오면
밤새 고개 숙인 채
허기진 마음

해가 뜨면
언제나 변함없이
방긋 웃는

그대는
나만 바라보는
해바라기 꽃.

소쩍새

시어머니 구박에
며느리는 작은 솥에 밥 짓네

며느리는 굶어 죽어
소쩍새 되어 한 맺혀 우네

너는 밤마다
소리 내어 울지만

외로움에 지친 나는
가슴 움켜지고
마음으로만 울어야 하네.

가을밤

바이올린 반주 없어도
어김없이 풀벌레는 노래를 부릅니다

태양처럼 붉게 타오르지는 않아도
어김없이 밝은 달은 어둠을 밝혀줍니다

별 하나의 추억 가을 달밤 그림자 밟으며
잊지 못할 청춘을 불태웁니다.

홍시

비바람에
떨어질듯 흔들리며
홀로 매달려

달빛으로 시름 잊고
달콤한 향기 풍기며
높은 가지에
떨어질듯 매달려

누구 기다리나
숨은 듯
고개 숙이고.

나는야 산이 좋더라

초록 숲길이 살아 있는
나는야 산이 좋더라

내 모든 기쁨과 슬픔 감싸주는
나는야 산이 좋더라.

하늘과 땅 바람과 구름이
서로 맞닿는 곳

저 멀리 나를 기다려 주는
부처님이 계신 곳
나는야 산이 좋더라.

만월(滿月)

정월 보름
바다위에 만월 뜨고

뜨락에 촛불 켜 놓으니
온 세상이 환하다

당신과의 반평생
보름달처럼 넉넉한 삶이어라

남은 생의 염원도
달님에게 소망한다.

수선화

겨우내 칼바람 견디어
파릇파릇 돋아나는 수선화

아름다운 꽃 피면
벌과 나비들 춤추며
꽃향기 따라오겠지

내 사랑도 영원히
시들지 않는
사랑의 꽃 피우리.

봄 마중 가야지

추운 겨울 가고
따사로운 봄날이 오면
꽃씨 하나 가슴에 품고
사랑하는 내 님 만나러 가야지

붉은 태양 쏟아지고
하얀 물결 넘실대는
산 넘어 내 고향 남쪽에
새싹들 깨어날 채비하겠지

강남 간 제비 돌아오는
삼월 삼진날 아지랑이 포근한
봄 마중 가야지.

그대는 장난꾸러기

우르르 쾅쾅 우르르 쾅쾅
그대가 나를 부르는 소리
창문 열고 한참 바라보았다

음정 박자 무시하고
우르르 쾅쾅 우르르 쾅쾅

유리창이 깨질듯 흔들어
잠 못 이루고
쏟아지는 빗줄기만 바라보았다
밤새도록 스트레스나 확 풀고 가세요.

꽃비 내리는 봄날

봄비에
연분홍 꽃잎 수줍을 때면
늘 당신을 기다립니다

천릿길 마다않고
벅찬 가슴으로 달려와
쏟아지는 눈물 주체 못하는
그런 당신을 기다립니다

봄비가 내리면
이슬 같은 빗방울마다
꽃보다 더 아름다운
당신의 마음을 담아 봅니다.

민들레꽃

꽃물결로
하늘 파랗게 여는
바람 부는 언덕

노오란 향기
민들레꽃 미소가
오늘도 손을 잡는다

갓 잉태한 꽃망울
사람들의 발길에
무참하게 짓밟혀 으깨져도

천년의 언덕
노란 꽃동산으로 가꾸는
민들레꽃.

봄이 왔구나

창문 노크하는 봄빛
아름다운 꽃들의 향기

사람들의 옷차림에
아지랑이 피어오르지만

내 가슴 속 상처는
아직도 아물지 않아

시리고 아리어
한 겨울 칼바람에 떨리는 듯하다

그러나 마음은 이팔청춘(二八青春)

저녁노을

가슴 답답해
창문을 열고
지는 해를 바라본다

희미한 어둠속에
붉게 물든 저녁노을
산등선에 걸려 있다

불타는 노을처럼
저물어가는 내 인생도
한번만이라도 광명의 빛으로
온 세상 밝히길 기도한다.

하늘

하늘을 업고
땅바닥에 팔베개하니
안방처럼 평안하다

하늘을 안고
풀밭에 누우니
한 점 구름 되어
저 드넓은 세상으로
날아간다.

간절곶

한반도에서 가장 먼저 해 뜨는 간절곶
시원한 바닷바람의 봄나들이
세월 속에 묻힌 첫사랑 다시 느끼네
나물 캐는 아낙네의 손길
들녘의 아지랑이 눈부셔
종달새 하늘 높이 지저귀고
거센 파도소리에서도
풀피리 불던 어린 추억 떠오른다.

호박꽃 순정

못생기면 어떠랴
호박꽃도 꽃이란다

밭두렁 논두렁에
밤새 이슬 머금으며

밤하늘의 별을 보며
달콤한 사랑 꿈꾸네.

등대

금방이라도 삼킬 듯
성난 파도가 밀려와
하얀 물거품 토해낸다

희미한 불빛으로
짙은 안개 속
외로이 떠있는 바위섬

길 잃은 사람들을 향해
깜빡거리는 등대
외로운 항로 인도한다

갈매기 벗 삼으며
밤의 적막 속에서
희망을 주는 등대의 불빛.

낙엽

이른 새벽
낙엽 쌓인 오솔길
숨죽여 걷는다

한여름 내내
고운 빛깔 푸른 미소로
우리를 유혹하더니

늦가을의 길목에
쓸쓸하게 누워
한발씩 디딜 때마다
사각 거리는 낙엽들의 가슴

뿌리 내리고
싹 틀 새봄 꿈꾸는가.

징검다리

내 고향 개울
듬성듬성 놓은 징검다리 사이로
흐르는 냇물

하나 두울 셋
한 명도 빠짐없이
한 발 두 발 팔짝팔짝 건너
어깨동무로 환호성 치던
어린 벗들

장맛비 쏟아질 때면
행여 징검다리 떠내려갈까
밤 지새워 지키고
겨울이면 꽁꽁 언 돌마다
모래 뿌려주시던 새벽의 아버지

이제는 모두
사랑의 추억
그리운 미소로 산다.

억새꽃

은빛의 억새꽃
햇살 따라 흔들리는 시간이
눈부시다

한 발 두 발
발걸음 옮길 때마다
머물고 싶은 욕심으로
못내 안타까운 작별

해 저문 산기슭에
삶의 미운 정 고운 정
풀잎으로 뉘어놓는
아픈 가슴

한(恨)을 참는
모진 삶과의 이별이 아니라
사랑의 기쁨으로
눈물지게 하소서.

우체통

외딴 시골마을 앞
아무도 찾아주지 않는
빛바랜 빨강 우체통

배고픔의 신호일까
입도 삐뚤 몸도 삐뚤

짓궂은 동네 꼬마 녀석들
돌팔매에 찢긴 상처

빨간약 발라주니
모든 아픔 사라지네.

수확

뜨거운 햇살에
고추가 붉게 익어가고

풍성한 포도송이가
알알이 영글어가네

농민들의 분주한 손길에
수확의 기쁨을 만끽하는 날

풍요로움 넘치는
풍성한 한가위 되리.

와룡산

와룡산의
별과 달빛이
풀벌레 울음소리로 흐른다

땔감하려 간 아버지 기다리다
횃불로 어둠 사르며 산등선 오르면
와룡산의 저 높은 곳
하늘 맞닿아 하늘재라 했던가

밤새워 울던 부엉이
지쳐 새우잠 자는 새벽
창밖의 산고양이 선잠 깨우고
행여 잡힐까 줄행랑을 친다

여명을 여는
와룡산의 바람은
생명의 아름다운 숨결
아침이슬로 구른다.

제4부
못다 한 이야기들

미움도 원망도 지우렵니다.
이 세상의 하늘 아래에서 겪은
아픈 기억들을 하나씩 지우는 몸짓으로
그렇게 살아가렵니다.

겨울 산행

모처럼의 눈 덮인 겨울 산행이다.

일행은 설경의 아름다움에 탄성을 터트리며 소나무 가지가 축 축 늘어지도록 쌓인 눈에 입맞춤한다. 은빛 산에 쏟아지는 겨울 햇빛이 너무 눈부셔 절로 눈이 감긴다.

흰 눈이 쌓인 풍경을 한 컷, 한 컷 가슴에 담으면서도 마음은 점점 더 바빠진다. 앞선 일행들이 산 정상에 올랐다며 빨리 올라오라는 전화를 했지만 나는 더 이상 오를 수가 없어 이 산, 저 산을 바라보다 하산한다.

온통 하얀색인 눈길에서는 방향을 잃기 예사이다. 길을 잃어 난감한 내게 등산객들이 물을 주며 하산 길을 친절하게 알려준다. 일행에서 낙오되어 혼자 하산하다 아쉬움에 발길을 멈춘다. 높지 않은 산이라 일행의 하산을 기다린다. 어린 시절의 신나게 눈싸움하던 추억을 떠올리며 눈을 뭉친다. 저만치의 소나무를 향해 눈뭉치를 던진다. 솔가지에 쌓여 있던 눈들이 우수수 쏟아지며 바람에 날린다.

다시 눈을 뭉쳐 던진다. 산 정상을 오르지 못 했던 아쉬움이 조금은 가시며 기분이 상쾌해진다. 얼마 기다리지 않아 일행이 내려오자 각자 준비해온 음식을 나눠먹는다. 정겨운 입담 속에 허기진 배를 든든히 채운 후 눈밭을 뒹굴며 설경의 낭만을 만끽한다.

산 정상을 바라보다 돌아선 겨울산행이었지만 마음은 흡족하다. 짧은 시간이었지만 아픔의 고통을 잊게 한 겨울 산행은 눈도, 입도 즐겁고 나름대로 의미 있는 시간이었기 때문이다.

산은 정상까지 오르지 않아도 몸과 마음을 즐겁게 한다. 봄에는 아름다운 꽃들이 머리와 눈을 시원하게 해주고, 여름에는 시원한 계곡 물에 발 담그고 매미 울음소리를 들으며 신선이 된다. 가을이면 울긋불긋 화려한 단풍으로 사람들을 품는 산은 일 년 내내 아름다움으로 넘친다.

산을 올 때마다 내가 또 올 수 있을까. 이번이 산행이 마지막이 아닐까, 라는 생각에 보잘 것 없는 풀 한 포기에도 젖은 눈길을 주었었는데 오늘은 그렇지 않다. 내일도 모래도 언제든지 오고 싶을 때 올 수 있다는 용기를 갖는다.

일행의 왁자지껄한 웃음 속에 동동주와 파전으로 마무리 지은 오늘의 겨울산행은 눈보다 더 하얀 추억으로 가슴에 남는다.

옛 친구

흰 구름이 파란 하늘 높이 두둥실 떠 있는 시냇가에서 버들피리 불며 놀던 옛 친구가 그립다. 봄이 오면 나물바구니 옆에 끼고 논두렁 밭길 따라 나물 캐던 그 옛날 그 시절, 노란 개나리꽃 담장 밑에 닭장을 빠져나온 병아리들의 삐악삐악 울던 소리가 귓전에 들리는 듯하다.

오십 넘은 나이가 되니 벗들의 소식이 궁금하고, 벗들의 반가운 소식에 눈물짓기도 한다. 형제나 친척에게도 하지 못할 이야기를 벗과는 나눌 수 있다는 게 얼마나 좋은가, 새삼 느껴본다.

슬프고 힘들 때 마음을 함께 나눌 줄 아는 벗, 서로 위로하며 함께 꿈을 꾸고 같은 곳을 바라보며 걸었던 벗, 그런 벗과의 차 한 잔이 그리운 나이가 됐다.

작은 실수는 서로 덮어주지만 잘못하면 꾸짖어 바른 길로 인도하면서도 항상 먼저 이해하고 아껴줄 줄 아는 사람. 그래서 벗은 언제 어디에 있어도 마음이 포근하고, 자주 만나지 않아도 허심탄회한 이야기로 마음을 나눌 수 있다.

개나리, 진달래 등 아름다운 꽃들이 봄의 만개가 시작됐나보다. 어릴 때는 시골에서 사는 것이 참 싫었는데 세월이 흘러 나이가 드니 오히려 시골생활이 그립다.

시골은 문화 환경이 도시에 비해 떨어지고 생활수준이 낮은 것은 사실이다. 비록 풍족한 경제적 생활이 아니었지만 아련한 추억만큼은 아름답기 그지없다.

그때 그 친구들은 다 어디에서 무엇을 하며 살고 있는지 궁금하다. 내가 좋아하는 친구들, 내가 미워했던 친구들. 지금 만나면 알아볼 수나 있을까.

이제 우리 나이쯤 되면 검은 머리보다는 흰머리가 많을 것이다. 이마에 한 줄 두 줄 주름살이 늘어가는 나이, 몇 십 년이 지난 오늘 유난히 옛 친구들이 그립고 보고프다.

앙상한 나뭇가지에 새 순이 돋고 바람도 향기로운 찬란한 봄날, 벗들의 그리움이 내 마음을 뒤흔들어 놓는다.

우정은 엄마 품속 같은 따뜻하고 고향의 정취를 떠올리게 한다. 너는 나의 친구, 나는 너의 친구. 봄비가 촉촉이 내리는 창밖의 온 세상이 한없이 즐겁게 보인다.

의사 선생님과 간호사

캄캄한 병실, 목소리가 희미하게 들려왔다.

“아줌마! 아줌마는 참 명도 길겠어요. 눈 떠봐요. 눈을 떠보라고요”

누구에게 저토록 소리를 지를까. 목소리는 점점 커지고 있었다. 난 눈을 뜨고 옆을 보았다. 그때 간호사의 목소리가 들렸다.

“선생님! 아줌마 눈을 떴어요.”

참 이상했다.

나는 눈앞이 캄캄하고 아무것도 보이지 않았다. 의사 선생님은 “이제 된 거야. 잘 됐어.” 라고 말을 한다. 도대체 그 동안 나한테 무슨 일이 일어났을까. 아무런 기억도 떠오르지가 않는다.

그로부터 몇 시간이 지났을까. 으아아악! 이게 뭐야? 소리를 쳐봐도 아무도 다가오지 않는다. 옆을 보고 뒤를 봐도 이상한 기구와 이상한 소리만 들릴 뿐이다. 살아 있다는 것도 신기하지만.

삶과 죽음, 그리고 병실.

다시 한 번 되새겨본다. 내가 세상을 잘못 살았나? 한탄해본다. 좀 더 현명하고 똑똑했다면 이렇게 고생은 하지 않아도 될 것을. 설마 했던 일들이 현실에서 마주칠 때 삶이 참으로 허망하다는 생각이 든다.

만약 내가 잘못된다면, 잘못된다는 그것보다 더 무서운 것은 아들과 딸 그리고 남편이 받을 상처와 고통이다. 생활비의 절반은 약값으로 들어갔는데……. 또 입원이라니.

이게 웬 날벼락인가. 하나님! 부처님! 나를 위해 용서하지 마시고 오직 자식과 남편을 위해 용서해달라고 간절히 빌고 또 빈다. 그래. 난 일어나야 한다.

한 순간도 소홀이 하지 않고 열심히 노력한 덕분인지 남들보다 회복이 빨라 통증은 조금 있으나 견딜 만 했다.

제일 중요한 것은 마음의 안정과 미래에 대한 희망이다. 좋은 생각, 좋았던 기억 속에 담긴 좋은 사람들, 마음이 따뜻한 사람들만 떠올린다. 앞으로의 시간을 생명의 소중함으로 채워가는 지혜로운 삶을 살아갈 것이다.

초등학교 동창회

내 고향은 개울에는 징검다리와 축축 느려진 수양버드나무가 있는 전형적인 농촌 마을입니다. 나는 산으로 들로 뛰어다니다 지치면 개울로 가서 가재와 고둥을 잡아 끓여 먹곤 했습니다.

서서히 어둠이 내리면 집집마다 호롱불이 켜지고 오빠들은 개울로 멱 감으러 가고 우리들은 환하게 비치는 보름달 아래에서 술래잡기하며 밤새는 줄 몰랐습니다.

새벽이면 장닭이 어김없이 아침을 깨웁니다. 어른들은 새벽 일찍 일터로 나가시어 없고 동생들과 나는 눈 비비며 아침밥을 해 먹고 학교를 갔습니다.

오늘은 유난히 그때 그 시절이 그립습니다. 그러던 차 초등학교 동창회를 한다는 연락이 왔습니다. 다른 부부동반 모임과 날자가 겹쳤지만 올해는 꼭 참석하기로 했습니다.

늘 건강이 허락하지 않은데다 동창회를 중요하게 생각하지 않아 참석하지 않았습니다. 그러나 올해는 왠지 코흘리개 시절의 친구들이 그립고 졸업 이후 다들 어떻게 얼마나 변했을까, 궁금했습니다.

고향을 떠나 온지 몇 해인가? 보름달 달빛 아래에서 시냇가에 마주 앉아 찬바람 맞으며 시간가는 줄 모르고 정답게 얘기하던 고향 친구들. 학교는 지금 폐교가 되었지만 어린 시절 추억이 가득한 고향입니다.

지독하게 가난해 먹을 것이 없었던 시절이었지만 그래도 그때는 서로 챙겨주고 나보다는 너를 먼저 생각했습니다. 도로가 포장되지 않은 신작로 옆으로 고구마나 무밭이 많았습니다. 남의 밭에 슬금슬금 들어가 고구마나 무로 허기진 배를 채웠지만 마을 어른들께서는 작은 야단으로 끝내셨습니다. 지금은 상상도

할 수 없는 일이겠지만.

울고 웃던 추억을 회상하며 순수한 동심으로 돌아가는 시간들, 아련한 추억 속에 벌써 강산이 몇 번 변했지만 어릴 적 우리의 정은 그대로인 것 같습니다. 후원금을 내는 것도 돈이 많아서가 아니고 오직 하나 옛정 때문이리라.

하나가 되자는 취지에 공감하며 아낌없이 후원해주는 우리 동창들에게 고맙고 감사하다는 말을 전합니다.

어머니의 존재

혹독한 추위가 한 풀 꺾이고 바람이 산들산들 부는 봄이 왔다. 꽃비가 내리고 가지마다 파릇파릇 새 순이 돋기 시작했다. 겨우내 얼어붙었던 땅속을 헤집고 노란 수선화 꽃이 금방 피어날 것만 같다.

유난히 봄꽃을 좋아 하는 어머니를 위해 해마다 이맘때가 되면 우리 가족은 어머니 집에 모인다. 홀로 계신 어머니의 생신을 축하하는 자식들의 모임이다.

예전 같으면 달력에 하나하나 가위표를 하며 기다리던 날이 가족들의 생일이었다. 그러나 지금은 그런 아름답던 기억들은 희미하게 잊히고 있다. 어머니는 늙지도 아프시지도 않을 줄 알았는데 허리 한 번 시원하게 펴지 못하는 연세가 되셨다.

이제나 올까 저제나 올까. 해지는 줄 모르고 아들 딸 기다리는 내 어머니. 자식들의 먼 발자국 소리에 바쁜 발걸음으로 대문 밖으로 마중 나오시곤 했다. 부모와 자식 사이가 된다는 것은 신(神)의 뜻, 천륜으로 얽혀진 끈이라 생각한다.

벚꽃이 화사하게 핀 이른 아침에 내리는 꽃비가 어머니의 눈물인양 가슴 아려 눈물이 맺힌다.

하루만이라도 같이 있고 싶어 하는 어머님의 그 속마음을 잘 알고 있다. 아픈 자식을 위해 당신의 손으로 한 끼라도 먹이고 싶은 뜨거운 모성애를 왜 모르겠는가.

하지만 품안의 자식이라 했던가. 내가 부모가 되고 보니 어머님의 깊은 가슴 속을 조금이나마 알 것 같다. 분홍치마 저고리 갈아입으시고 빛 바란 아버지 사진을 바라보며 눈시울 적시던 어머니의 모습이 아직도 내 가슴에 비처럼 내리고 있다.

어머니의 봄나들이

어머니가 전화를 받은 후 활짝 웃으신다.
"애야! 할머니들이 꽃구경가자고 한다."
관광버스가 4대씩이나 간다고 하신다. 칠십이 넘도록 여행 한 번 못 했던 어머니가 이번에는 꼭 가고 싶다고 하신다.
평생을 외롭게 사신 어머니. 모처럼의 여행이 얼마나 좋으시기에 잠도 주무시지 않고 어느 옷을 입고 갈까, 이것저것 꺼내놓고 고민을 하신다.
나이가 들어도 여자는 여자인가보다. 이것저것 입고 거울 보시기 수십 번. 비록 비싼 옷은 아니었지만 깔끔하게 차려 입고 모자에 장갑, 마스크까지 챙기시는 어머니. 처음으로 보는 어머니의 들뜬 모습에 가슴이 아프다.
2년 전 두 무릎을 수술 받고 새 삶을 사는 것 같다던 어머니에게 여행 한 번 보내드리지 못한 불효에 가슴이 아프다.
겨우내 움츠렸던 대지의 곳곳에 온갖 꽃들이 만발한 봄날, 첫 소풍가는 아이처럼 설레는 마음, 굳이 말씀하지 않아도 한눈에 알 수 있다.
맑은 하늘에 떠있는 목화송이 구름처럼 평화롭고 한가로운 봄날의 여행이지만 어쩔 수 없이 모성애가 발동하셨나보다. 집에 아파 누워 있는 딸자식 밥걱정하는 자주 전화를 주셨다.
어머니가 여행에서 돌아왔을 때 할아버지들이랑 놀고 오니 기분 좋으냐고 놀렸다. 어머니는 꽃구경 봄나들이는 평생 잊지 못할 여행이었다며 너무 좋아 하셨다.
가을에도 여행을 보내드린다고 약속한 후 밤늦도록 이야기를 듣다 잠이 들었다.

여승과의 만남

신록의 계절 여름이다.

동이 뜨기 전 새벽녘, 푸름으로 뒤덮인 오솔길에서 아침 이슬 맞으며 이름 모를 들꽃과 아카시아꽃 향기에 취한다.

불러주는 사람도, 찾아주는 사람도 없다. 보고픈 사람도 없고 기다려주는 사람도 없다. 혼자이지만 외롭지 않다.

파란 버들강아지 곁으로 흐르는 물소리에 맞추어 까투리 한 마리가 경쾌하게 노래를 부른다.

사방을 둘러보니 경치가 환상이다. 앞쪽으로는 고속도로가 시원하게 뻗고 뒤쪽에는 작은 암자가 있다. 도시에서 가까운 곳에 이런 풍경이 있다는 게 새삼 놀랍다.

봄이 아쉬워 그리워하며 걷고 있을 때 들려오는 낯선 목소리.

"보살님! 뒷모습이 처녀 같습니다만 앞모습을 뵈오니 더 아름답소이다."

순간 나도 모르게 두 눈에서 눈물이 떨어지기 시작했다. 도무지 이유를 알 수 없는 눈물이었다.

"참회의 눈물이라면 모두 쏟아버리고 쉬어가세요. 그 눈물은 눈물이 아니라 아픈 곳을 치료해 주는 약이니까요."

–사람에게 병이 없길 바라지 말라. 병이 없으면 교만해지는 법이니라.

나는 스님의 말씀처럼 자연스럽게 서러움의 눈물, 아픔의 눈물을 열심히 쏟아냈다. 그때 그 인연으로 마음이 아플 때, 국화차가 그리울 때 스님을 찾아간다. 영롱한 아침 이슬처럼 언제나 스님 곁에는 그윽한 향기가 있어 내 마음을 사로잡았다.

사랑하는 임처럼, 때로는 벗처럼, 또 어머니가 되어 환한 미소로 사랑해주신 스님의 은혜에 감사드린다.

도반

도반들과 강원도의 용문사로 답사 떠나는 전날 밤, 비가 많이 내리고 있었다. 건강이 좋지 않은 나는 동행을 결정하지 못하고 내일 아침의 몸 상태를 보기로 했다.

사람들이 3박4일, 일주일씩 여행가는 것이 나에게는 그림의 떡이기 일쑤이다. 그러나 남편은 매일 누워만 있는 내가 안쓰러웠는지 그림의 떡이라 보지 말고 진짜 여행 떡을 먹어보란다.

남편은 아침 일찍 일어나 관광버스 타는 곳으로 데려다주며 용돈까지 챙겨줬다. 여행 중에 너무 아프면 전화를 하란다. 한순간에 달려가겠다고 용기를 주웠다.

버스에 오르니 도반 모두가 좋아 했다. 한 분, 한 분 얼굴을 보는 순간 부처님이 따로 있나 싶을 정도로 미소가 가득하다. 또 어디 꽃만 향기 있더냐. 말 한 마디, 한 마디가 모두 향기롭다.

다리가 아파 절룩절룩 저는 도반도 있었다. 나는 그 도반을 보면서 꾹 참고 있었던 눈물을 남모르게 흘렸다. 아픔에 지레 겁먹고 몸부터 사렸던 지난날이 남편과 자식들에게 미안했다.

도반 한 분, 한 분이 부처님의 마음처럼 자비롭고 너그럽다. 그 따뜻함 속에 나를 세우니 가슴이 더 없이 훈훈해진다.

부처가 어디 따로 있으랴.

부처님 말씀을 행하시는 보살님들!

성불하소서.

미워도 원망도 하지 않으리

아픈 상처가 아물기도 전 또 다시 상처를 준 사람이 있습니다. 내가 세상을 너무 몰랐는지 세상이 나를 그렇게 만들었는지 태어나 처음으로 들어본 언어에 내 작은 가슴은 상처로 가득했습니다.

아픔을 견뎌야 하는 하루하루가 죽을 만큼 괴롭고 원망스러웠습니다. 때로는 오히려 그 사람이 안쓰럽고 걱정되어 용서도 해 보려고 노력했습니다.

어쩌다 그런 사람을 만나 들어서는 안 될 말들을 들어야 하며 폭력적 행동으로 위협하는 모습을 봐야 했는지 모르겠습니다.

알아도 세상 살아가는데 아무런 도움도 안 되는 사람들-.

때로는 미움보다 불쌍하다는 생각이 앞섭니다. 세상살이가 얼마나 힘들었으면 그랬을까 하는 마음에 이해하고 용서하려 애씁니다.

사람과 사람이 만나는 것은 운명이고 숙명입니다. 좋지 않은 일로 돌아서도 아쉬운 마음이 생기고, 곁을 떠나면 허전하고 외롭고 하는 것이 사람과 사람 관계라 생각합니다.

자신 하나만을 위해 하고픈 말 다 하고, 하고 싶은 행동 다 한다면 하루살이보다 못한 인생이 아닐까요?

미움도 원망도 지우렵니다. 이 세상의 하늘 아래에서 겪은 아픈 기억들을 하나씩 지우는 몸짓으로 그렇게 살아가렵니다.

친구와의 가을여행

가을이면 왠지 쓸쓸하고 마음이 바빠지곤 한다. 건강이 나쁜 탓인지 늘 느낌은 좋지가 않다. 계획했던 일들을 꼭 끝내야지 하며 허둥지둥 거리던 시월의 어느 날 미국의 친구가 오랜만에 한국을 찾았다.

나는 친구에게 가을여행을 권했다. 친구도 오랜 만의 한국을 찾아서인지 꽤 설레는 눈치였다. 시월의 마지막 날, 우리는 목적지도 없이 동해를 시작으로 남해안과 서해안의 전북 지방까지 여러 곳을 둘러보기로 했다.

3박4일의 그리 시간이 넉넉하지 않은 여행일정이었다. 나의 건강이 더 안 좋은 터라 새벽 출발의 부지런한 여행은 할 수 없었지만 우리는 영원히 잊지 못할 추억을 하나씩 만들어갔다.

울산과 부산을 거쳐 거제 시인의 마을에서 바라다본 보름달은 금방이라도 뚝 떨어질 것만 같았다. 별들이 쏟아지는 밤의 아름다움 속에서 자녀들의 결혼시킬 이야기로 날이 밝아오는 줄 몰랐다.

여행 첫 밤을 보낸 우리는 충무의 한 횟집에서 굴 구이와 굴죽을 먹은 후 영화촬영지와 굴 공장 등 여러 곳을 어린 소녀가 되어 돌아다녔다. 드라마 속 주인공이 된 것처럼 갈대밭에서 사진촬영을 하고, 단풍잎을 머리에 꽂아 멋을 부리며 해가 질 때까지 가을 홍취에 빠졌다.

둘째 날의 밤에는 숙소를 찾지 못해 깊은 산속을 헤맸다. 밤늦게 미리 준비한 흑돼지고기 안주로 맥주를 한 잔씩 했다. 너무 피곤한 탓에 밀린 이야기도 못한 채 내일은 아침 일찍 고향의 어머니를 찾아 김장을 드린 후 진안의 마이산을 구경하기로 했다.

깊은 밤의 산바람은 외로운 듯싶으면서도 조금은 무섭게 느껴졌다. 나무와 나무 사이를 감싸 돌며 밀려오는 바람소리, 그리고 계곡의 물소리가 끝없이 통나무집을 휘감아 피곤했지만 쉽게 잠들 수가 없었다.

마이산으로 오르는 등산로는 온통 낙엽이었다. 바위를 쌓아놓은 듯 신비스런 마이산 형상에 감탄하며 산을 오르다 은수사와 태조 이성계가 심었다는 600년의 천연기념물 386호 청실배나무를 만났다.

아득한 옛날 신선부부가 마이산에서 자식을 낳고 살던 중 마침내 승천할 때가 이르러 남신이 "사람들이 승천하는 장면을 보면 부정을 타서 안 되니 한밤중에 떠나자"고 했으나 여신은 한밤중은 무섭다며 새벽에 떠나자고 했다.

새벽의 승천 길, 때마침 일찍 물 길러온 아낙이 승천하는 장면을 보고 "어머나! 산이 하늘로 올라가네." 소리치자 승천이 틀린 것을 안 남신이 "여편네 말을 듣다가 이 꼴이 되었구나." 화를 내며 여신으로부터 두 자식을 빼앗아 바위산으로 주저앉았다고 한다.

진안읍에서 마이산을 바라보면 아빠 봉에 새끼 봉이 둘 붙어 있고 서쪽의 엄마 봉은 죄스러움에 반대편으로 고개를 숙이고 있는 모습이 가슴 아프면서도 신비스러웠다.

절 부근에서 간단하게 막걸리 한 잔씩을 하고 산길 따라 낙엽 쌓인 곳에서 이리저리 뒹굴며 마치 어린이들처럼 놀았다.

한여름에는 오가는 등산객으로 발 디딜 틈이 없는 곳인데 겨울이 가까운 늦가을 탓인지 사람들이 별로 없었다. 하지만 어릴 적 소풍을 함께 왔던 친구들 생각에 느낌이 새로웠다.

미국에서 귀국한 친구와의 가을 여행이 끝날 무렵 우리는 수다쟁이에서 어느 순간 침묵을 지키고 있었다. 여행이 끝나면 친구는 미국으로 돌아간다. 우리는 언제 또 함께 여행을 할 수 있을까. 어쩌면 아주 먼 훗날에도 기회가 없을는지 모른다는 생각 때문에 말문을 닫았는지 모른다.

마침내 3개월 동안 한국에 머물렀던 친구가 미국으로 돌아갔다. 친구가 비행기를 타고 떠나던 날 첫눈이 내렸다. 친구와 함께 보낸 3박4일간의 가을여행을 나는 영원히 잊지 못할 것이다. 친구는 떠났지만 친구가 머물던 자리마다 깔깔 거리는 웃음이 남아 있다.

나는 올 겨울 내내 친구와의 가을여행을 떠올리며 행복한 시간들을 되새김질할 것이다.

친구 같은 언니

언니를 만난 것은 경상도 여성대학에서다.

언제나 따뜻한 마음을 가득 안겨주는 친구 같은 언니. 지병으로 힘들고 어려운 요즘 생각이 긍정적이고 심성이 고운 언니가 옆에 있어 참으로 다행스럽다. 올해는 유난히 병세가 나빠져 남편과 아이들에게 심통을 많이 부렸다. 중풍을 맞은 것처럼 수족을 제대로 못 쓰게 된 아픔과 절망 속에 죽고 싶은 생각뿐이었다.

언니는 고향 친구도, 직장 동료도 아니다. 취미 생활 속에서 우연히 만났다. 그러나 지병으로 힘이 든 나를 위로해 주고, 손수 이것저것 반찬을 만들어서 집에까지 갖다 주며 움직여야 산다고 함께 산책하는 언니. 그런 언니가 곁에 있어 얼마나 고마운지 모른다.

언니의 음식 솜씨는 남다르다. 일상생활에 봉사 정신이 밴 언니의 가족 식탁 차리기는 사랑 바로 그것이다. 손님이 찾아오면 외식보다는 직접 만들어서 챙겨 먹어야 마음이 편한 여자이다.

내가 울고 있을 때, 힘들어 할 때마다 세상은 공평하다고 말해주는 언니. 남편과 아이들에게 짜증내지 말고 최선 다하는 모습을 보여주라고 당부한다.

그래야 가정이 평화롭고 모든 일이 잘 된다며 아내자리, 엄마자리를 끝까지 지키는 모습을 보이라고 다독거린다. 때로는 세상 끈을 놓고 싶어도 용기를 주는 언니가 있기에 오늘 내가 이렇게 살고 있는 것 같다.

오늘도 봉사하러 간 언니. 사랑의 봉사와 희생으로 살아가는 언니가 너무도 아름답고 행복해 보여 질투마저 난다. 하늘이 나에게 준 큰 선물, 친구 같은 언니의 사랑을 가슴깊이 담으며 병을 이겨내는 용기를 갖는다.

■김종임 시인의 숨은 목소리

소박하고 담백한 목소리 '용서'와 '사랑'

-꾸밈없는 시어로 시상(詩想)의 문 활짝 열어놓아

정 병 국

소설가 · 지식과 사람들 대표

시를 쓰면서
다시 태어난 느낌이었고
아픔과 고통도 이길 수 있는 힘이 생겼다.
마음속에 묻어둔 삶의 무게를
글로 담아내면서 무거운 짐을 내려놓은 듯했다.

-생략

하지만
언제부터인가 부담감 없이
빈 마음으로 살아야겠다는 생각을 가진 후부터
몰랐던 지혜로움을 느끼게 되고
변해가는 새로운 자연을 맛보게 됐다.

김종임 시인의 첫 시집 '눈 오는 꽃밭에 앉아'의 '시집을 내며' 중에서 첫 연과 3번째 연이다. 이 10행 속에 김 시인의 시세계가 산사의 고요처럼 응축되어 있다. 산사의 아무 소리도 들리지 않는 고요, 그러나 그 안으로 들어가면 자연의 온갖 생명의 소리가 숨어 있음을 누구라도 쉽게 느낄 수 있다.

김 시인의 시세계가 바로 그렇다.

요란하지 않은 단어로, 번쩍거리지 않는 문장으로, 생사(生死)의 극과 극을 달리지 않는 시상(詩想)으로 삶의 희로애락을 노래하는 그 음률이 때로는 동시로 흘러 문득 어린 시절을 회상케 한다. 꾸미지 않은 순백한 시상과 표현은 어쩌면 김 시인의 품성이 그렇기 때문이리라.

김 시인과의 만남 시간은 짧다. 사는 곳도 북쪽과 남쪽으로 뚝 떨어져 있어 자주 만날 수 있는 기회도 없다. 그러나 아주 어린 시절부터 한마을에서 같이 자란 이웃사촌으로 느낄 만큼 교감이 정겹다. 주로 전화 대화이지만 거리감이 없다. 아 그래! 전화로도 술잔을 마주하듯 속 깊은 가슴도 털어놓을 수 있구나. 감탄한다.

그녀의 대화가 솔직하기 때문이다. 오랜 지병으로 몸과 마음이 지칠 대로 지칠 수밖에 없으려만 그 고통을 잘 감내하며 오히려 그 안에서 삶의 가치를 찾는데 노력하는 모습도 천생 여자이다. 글 잘 쓰는 사람들에 대한 질투를 감추지 않는 말끝에서 묻어나는 웃음은 차라리 사춘기 소녀이다.

"화가 나요."

"누구한테요?"

"저 자신에게요."

"왜요?"

"예쁜 시를 못 쓰니까요."

때로는 시상의 정리와 표현에 대한 속앓이를 펼쳐놓으며 비법(?) 좀 알려달라고 투정을 부린다. 김 시인 역시 특별한 방법이 따로 없음을 잘 알고 있다. 하면서도 투정을 부리는 것은 시에 대한 끝없는 애증 때문이다. 사랑하면 할수록 그 깊이를 가늠할 수 없는 시의 가슴 앞에서 자꾸만 주눅 드는 자신을 달래려는 또 다른 아픔이다. 아픔의 기쁨, 그 모순된 표현이다.

-글을 써서 아픈 것이 아니라 아프기에 글을 쓴다.

그러나 삶의 희로애락(喜怒哀樂)을 시의 가슴에 새길 때 여러 가지 꿈을 꾸어 행복하다.

김 시인은 두 번째 시집 '쪽빛바다'의 '시집을 내며' 두 번째 연에서 시에 대한 애증을 솔직하게 밝혔다. 김 시인은 육신과 영혼, 그 삶의 희로애락을 시로 표현할 때 생명의 또 다른 꿈을 꾸며 행복하다고 고백한다. 글 쓰는 고통 때문에 아픈 것이 아니라 몸과 마음이 아프기에 글을 쓴다는 표현은 시에 대한 애증의 함축이다.

찬바람이/ 온 몸 휘감아도/ 내 마음의 꽃은 핀다// 온 세상에/ 하얀 눈 내려도/ 내 가슴의 꽃은 핀다// 엄동설한/ 한파에 시달려도/ 내 마음 깊은 곳에는// 언제나 변함없는/ 정열의 꽃이 피고 있다.

제2시집 '내 마음의 꽃은 핀다'의 전문이다.

김 시인이 말하는 '가슴에 피는 정열의 꽃'은 과연 무엇일까? 비록 지병으로 오랜 세월 동안 고통 받고 있지만 그녀의 세상을 향한 눈은 따뜻한 긍정의 봄 햇살이다. 고통에 원망하거나 좌절하지 않고 이웃을, 산과 들, 그리고 생명이 있는 것과 없는 것 모두를 가슴에 품으며 정열의 꽃 '사랑'을 피우고 있다.

타고난 품성도 있겠지만, 김 시인의 자아는 자신을 보호하려는 이기심보다 주변을 먼저 배려하는 희생이 몸에 배어 있다. 앞에 나서기보다 뒤에서 조용히 웃으며 누군가를 위해, 모두를 위해 움직이는 몸짓이 자연스러운 사람이다. 이 자연스러운 몸짓이 바로 김 시인의 자아이며, 시의 바탕을 이룬다.

어느 시인은 '김종임 시인의 시는 소박하고 담백하다. 자연 속에서 찾는 삶의 가치를 잔잔한 눈길로 표현하며 아픔을 수줍은 미소로 달래고 있다. 시인의 꾸밈없는 시어(詩語)들이 오히려 따뜻한 정(情)으로 다가와 시의 맛을 한층 높여준다.'고 평했다.

백번 공감 가는 평이다. '소박하고 담백한 시'의 출발선은 바로 이웃을 배려할 줄 아는 자아인 것이다. 누구나 쉽게 다가설 수 있도록 시상(詩想)의 세계를 활짝 열어놓을 수 있었던 것은 시는 나만의 것이 아닌 제3자, 즉 모두의 것이어야 한다는 자아로 꾸밈없는 시어들을 쏟아냈기 때문이다. 결코 쉽지 않은 시인의 자세이다.

하늘을 업고/ 땅바닥에 팔베개하니/ 안방처럼 평안하다// 하늘을 안고/ 풀밭에 누우니/ 한 점 구름 되어/ 저 드넓은 세상으로/ 날아간다.

'하늘' 시에서 보듯이 김 시인은 '한 점 구름 되어 저 드넓은 세상으로 날아가는 꿈'을 안고 살고 있다. 김 시인의 소망인 날아가는 꿈, 그 자유는 삶의 무거운 짐을 내려놓는 것이 아니라 오히려 생(生)의 고통을 기쁨으로 품는 지혜를 의미한다.

김종임 시인의 작품 성향을 한 마디로 정의할 수 없지만, 감히 '용서'와 '사랑'으로 결론짓고 싶다. 세상을 향한 분노, 자신에 대한 실망을 훌훌 털어내고 조심스럽게 가슴에 품으면서 내일의 소망이 생겼다. 그것이 바로 사랑이다.

'이왕 찾아 올 거라면/ 말없이 오지 말고/ 연락이라도 하고 오면/ 미리 미리 준비라도 할 텐데'라고 지병의 고통도 순응하며 생명의 소중함으로 노래한 것이 김 시인의 '사랑'이다.

제2시집 '쪽빛바다'의 시 속에 숨어 있는 김 시인의 목소리 역시 '용서'와 '사랑'이다. 제1 시집에서 미처 보여주지 못 했던 삶의 가치에 값진 의미 부여를 제2 시집에서 메타언어로 우리들에게 제시하고 있다.

삶을 따뜻하게 품는 시와 더불어 제4부의 수필에서 김 시인의 새로운 모습을 발견할 수 있어 기쁘다. 수필 역시 꾸밈없는 단문으로 감성을 표출하여 따뜻한 삶의 현장을 느끼게 한다.

이 시대를 사랑하는 김종임 시인. 그의 끝없는 문학정신이 머지않은 날 동치미처럼 감칠맛 나는 수필집도 내놓으리라 기대한다.

김종임 제2시집
쪽빛바다

2011년 11월 1일 초판 인쇄
2011년 11월 5일 초판 발행

지 은 이 ‖ 김 종 임
발 행 인 ‖ 정 병 국
책임편집 ‖ 박 형 식

펴 낸 곳 ‖ 도서출판 지식과 사람들
등록번호 ‖ 제2-3436
주 소 ‖ 서울 중구 충무로 4가 149-3
대표전화 ‖ 02-2277-7674
E-mail ‖ jisik@msn.com
ISBN ‖ 978-89-94571-16-4

값 9,000원